21 mai 1883
Reims

CATALOGUE

DE

800 PIÈCES FAIENCE & PORCELAINE

Anciennes et Artistiques

TABLEAUX

MEUBLES ANCIENS DE TOUS STYLES

TAPISSERIES, ARMES

ET BRONZES D'AMEUBLEMENT

DONT LA VENTE AURA LIEU

A REIMS, LES LUNDI 21 & MARDI 22 MAI 1883

Et Jours suivants.

REIMS
IMPRIMERIE & LITHOGRAPHIE MASSON-GÉRARD
6, Rue de la Grue, 6
—
1883

CATALOGUE

DE

800 PIÈCES FAIENCE & PORCELAINE

Anciennes et Artistiques

TABLEAUX

MEUBLES ANCIENS DE TOUS STYLES

TAPISSERIES, ARMES

ET BRONZES D'AMEUBLEMENT

DONT LA VENTE AURA LIEU

A REIMS, LES LUNDI 21 & MARDI 22 MAI 1883

Et Jours suivants.

REIMS

IMPRIMERIE & LITHOGRAPHIE MASSON-GÉRARD

6, Rue de la Grue, 6

1883

CATALOGUE

FAIENCE DE NEVERS

1 — Deux grandes bouteilles, décor bleu, à sujet Chinois.

1bis Deux caisses à fleurs, carrées, monture vieux chêne à pied décoré des quatre faces à paysage, décor violet.

2 — Deux jardinières rondes et évasées, à deux anses et à torsades, décors bleus à paysage et ornements.

3 — Un grand vase de forme surbaissée, à deux anses et à double torsade, décors bleus de style Chinois.

4 — Un grand plat rond à décors bleus, représentant des personnages en costume Chinois.

5 — Deux vases forme bouteille, décor bleu et violet.

6 — Une assiette avec personnages, décors polychromes.

7 — Dix assiettes avec personnages, décors polychromes et emblèmes patriotiques.

8 — Une grande écritoire, groupes chasseurs, sur socle à piédouche, décors polychromes.

9 — Une écritoire, trois compartiments, décor polychrome.

9bis Un pot et cuvette à fond bleu et à personnages Chinois.

10 — Deux caisses à fleurs à cinq pans, montées sur chêne à pied, à paysage, décor violet.

11 — Un plat à pans coupés, décor marli.
12 — Un plat à pans coupés, bordure dentelée, décors bleus à fleurs et ornements.
13 — Cinquante assiettes variées, décors polychromes, encriers, salières et diverses autres pièces.
14 — Deux petits vases de pharmacie, de forme surbaissée, à deux anses, torsade, encadrements, surmontés d'une couronne.
15 — Deux gourdes et bouteilles, décors polychromes, paysages et ornements.

FAIENCES DE ROUEN ET DE SINCENY

15 bis Deux assiettes à bords festonnés, décors polychromes, au centre bouquet fleurs au marli.
16 — Quatre bannettes oblongues à pans et à deux anses, décors bleus et rouille, au centre corbeille de fleurs sur des rinceaux, bordure marli.
17 — Une bannette oblongue à pans et à deux anses, décors polychromes à la corne.
18 — Une grande bouteille forme gourde, décor bleu et rouille, rinceaux et lambrequins.
19 — Un grand plat ovale à décors bleus dans le goût de Bérain et lambrequins au marli.
20 — Un plat oblong à pans, décors polychromes, au centre corbeille de fleurs sur des rinceaux, bordures au marli.
21 — Un plat long à pans, décors bleus, bordure marli.
22 — Deux vases sur piédouches et à couvercles, décors bleus à lambrequins.
23 — Dix assiettes, décors polychromes à la corne.

24 — Un petit plat oblong, décors polychromes, au centre corbeille de fleurs et lambrequins.

25 — Divers compotiers, décors bleus et polychromes.

26 — Deux jardinières à pans, décors polychromes à lambrequins.

27 — Divers objets tels que huiliers avec buirettes, encriers, salières, décors bleus et polychromes.

28 — Un plat ovale à bords festonnés, décor polychrome aux dragons et à la corne.

29 — Une assiette, décors polychromes aux carquois, bordure au marli.

29bis Diverses assiettes, décor polychrome, dessins riches.

30 — Une assiette à décor bleu, rosace de fleurs, au bord ornements lambrequinés.

31 — Un grand plat Louis XV, décor double corne.

32 — Deux jardinières à pans, décors polychromes de style Chinois.

33 — Un grand plat oblong, décors bleus, bordure marli.

34 — Deux petits vases à côtes, à pans, décors bleus à lambrequins.

35 — Deux jardinières à pans, décor bleu à lambrequins.

36 — Une fontaine-applique et son bassin, décors bleus, fleurs et ornements.

36bis Hanap forme casque, décors variés.

37 — Une soupière oblongue à couvercle et plateau, décors polychromes à fleurs, oiseaux et corne.

38 — Divers plats, bannettes, assiettes, etc., etc.

39 — Deux plats octogones, décors bleus, au centre médaillon de fleurs, au bord lambrequins.

FAIENCES DE MOUSTIERS

40 — Une assiette, décor en camaïeu vert dans le goût de Callat.

41 — Deux vases de forme surbaissée à piédouche, décors polychromes.

42 — Plats oblongs à contours, décor jaune à sujets grotesques et ornements lambrequinés.

43 — Jardinières à couvercles, décors polychromes, au fond médaillon ovale contenant personnages, au pourtour extérieur festons de fleurs et fleurettes.

44 — Jardinière, décor vert dans le goût de Callat.

45 — Petite soupière oblongue à deux anses et à couvercle, décors en jaune dans le goût de Callat.

46 — Petites jardinières oblongues à anses torses, décors bleus et jaunes et sujets grotesques.

47 — Encrier forme Louis XV, décor camaïeu vert.

48 — Un plat oblong, décor violet, Chinois et paysage.

49 — Un surtout, bordure dentelée, décors bleus dans le goût de Bérain.

50 — Une assiette à contours, décor jaune armorié au centre.

51 — Une jardinière forme commode Louis XV, décors bleu et jaune.

FAIENCES FRANÇAISES DIVERSES

52 — Soupière oblongue faïence d'Aprey, décors polychromes, oiseaux dans des paysages, le couvercle est surmonté d'un fruit.

53 — Soupière de même forme, décors polychromes à fleurs, Strasbourg,

53bis Deux jardinières à bords festonnés, décors polychromes à fleurs, de Haguenau.

FAIENCE BERNARD-PALISSY

54 — Un beau plat ovale représentant le baptême du Christ.
55 — Coupe ronde à jour.
55bis Un plateau entouré de feuillages.
56 — Femme dans une baignoire.

SUITE DES FAIENCES FRANÇAISES DIVERSES

57 — Jardinière oblongue, faïence de Strasbourg.
58 — Trois assiettes, décors polychromes, Marseille.
59 — Grande soupière oblongue en faïence de Marseille, décors verts à fleurs.
60 — Soupière plus petite.
61 — Trois plats, deux saucières faïence de Marseille, décorts verts à fleurs.
62 — Deux corbeilles avec plateaux à jours en faïence émaillée de Wedgwood.
63 — Deux assiettes, décors verts à sujet marine, faïence de Marseille.
64 — Groupe en faïence de Lorraine, Vénus et l'Amour, décors polychromes.
65 — Deux statuettes, jeune homme tenant un bélier dans ses bras, décors polychromes.
66 — Groupe faïence représentant la Charité Romaine.
67 — Deux petites statuettes faïence de Lorraine, décors polychromes.

68 — Deux vierges, décors polychromes, faïence de Rennes (1771).

69 — Un groupe faïence de Lorraine, enfant sur un bélier, décors polychromes.

70 — Deux plats faïence des Islettes, décors polychromes, dans le centre, portraits historiques entourés de feuilles de lauriers, bordures, draperies et fleurs.

70bis Un brasero de style Louis XV, ornement rocaille en relief, décors filets verts.

70ter Un brasero de style Louis XVI, ornements en relief formant des draperies et guirlandes, fond blanc.

71 — Deux soupières, faïence des Islettes, décors polychromes.

72 — Un vase forme Louis XVI, à armes, décors polychromes, oiseaux et fleurs.

73 — Trente plats faïence des Islettes et de Strasbourg. — Deux cents assiettes de Rouen, Nevers, des Islettes et de Strasbourg.

74 — Deux jardinières dentelées aux Chinois, décors polychromes.

75 — Deux flambeaux, style Louis XVI, en faïence blanche, garnis et décorés de guirlandes et perles bleues.

76 — Trois porte-huiliers en faïence de Strasbourg.

77 — Un grand plat faïence de Strasbourg.

78 — Deux plats faïence du Nord, à décors polychromes.

79 — Un plat faïence d'Épernay, à décors, poissons, sur fond jaune.

79bis Deux salières triples, décors polychromes, à sujets et armoiries.

80 — Statuettes, salières triples du style Louis XV.

81 — Un grand bain de pied en faïence, polychromes à fleurs.

82 — Deux grands cache-pots, décors bleus et armoiries.

FAIENCE ITALIENNE

83 — Deux vases de pharmacie, décors de rinceaux, sur fond bleu, armoiries fleurdelisées.

84 — Un grand plat ovale, décor polychrome en relief, sujets mythologiques et au marli, amours et rinceaux jaunes sur fond blanc.

85 — Plateau rond sur piédouche en faïence de Savane, à décors bleus. Personnages guerriers dans le centre.

86 — Grand buste, guerriers, décors jaune et vert, orné de draperie.

86bis Plateau rond, décors polychromes, au fond une figure d'enfant, bordure, médaillons, portraits et ornements, sur fond jaune.

87 — Grand plat rond représentant au centre des ornements et oiseaux, au marli, décors jaune et vert en relief.

88 — Deux potiches de forme ronde et surbaissée, décorées de feuillages sur fond blanc et bleu.

89 — Deux vases de pharmacie, décor bleu, au centre armoiries et inscriptions.

90 — Un plateau rond sur piédouche, décors blancs, sur fonds reflets métalliques, au centre portrait de guerriers et au marli des rinceaux blancs.

FAIENCE DE DELFT

91 — Deux potiches ovoïdes à pans et à couvercles, décor bleu, ornements avec fleurs.

92 — Deux plats ronds, décors polychromes, à rayons bleus et compartiments de fleurs et corbeille de fleurs au centre.

93 — Assiette, décor polychrome, au fond oiseaux dans un paysage et divers.

94 — Six assiettes, décor polychrome et divers.

95 — Deux vases avec couvercles à ornements bleus saillants.

96 — Deux petits chevaux, décors bleus et jaunes.

97 — Beurier en forme de baquet ovale, avec bécasse couchée sur le couvercle, décor polychrome.

98 — Coupes carrées à angles coupés et à bords festonnés, décors bleus de style Chinois.

99 — Petite coupe carrée sur pied, décor bleu.

100 — Garniture de cinq pièces, décor bleu, au centre paysage et autour ornements variés.

101 — Six grands plats, décors bleus, groupe de fruits et lambrequins, au marli, rinceaux et ornements variés.

102 — Garniture de trois pièces, décor polychrome.

102bis Grand plat, décor bleu avec portraits historiques d'Angleterre.

103 — Une fontaine-maison avec couvercle formant le toit carré, décor bleu, avec sujets scène d'intérieur, à ornements variés.

104 — Deux potiches à couvercles à pans coupés, décorés au centre de fleurs, au pourtour ornements variés polychrome.

105 — Assiette, décor bleu, au centre paysage.

106 — Écritoire avec tiroirs et compartiments, à décor bleu de style Chinois, à figures et arbustes.

107 — Douze assiettes, décors bleus et polychrome variés.

107bis Une gourde, décor polychrome et doré.

PORCELAINES DE SÈVRES

108 — Deux assiettes, décor camaïeu. dessin au centre, sujet genre Watteau.

109 — Une tasse et sa soucoupe, décor riche, au centre portrait de Mme de Sévigné, autour ornements et pierre genre Turquoise sur fond bleu.

110 — Tasse et soucoupe, décor, guirlande, fleurs et ornements or.

111 — Grande coupe, monture bronze style Louis XVI, décor au centre, scène d'intérieur, marli fond rose et bouquets fleurs.

112 — Six assiettes creuses, au centre chiffres de Louis-Philippe, bordure or avec fond blanc.

113 — Un sucrier avec plateau de même porcelaine et décor.

114 — Une tasse et soucoupe, guirlandes de fleurs et rubans bleus, fond blanc.

PORCELAINES DE SAXE

115 — Deux groupes à deux sujets, jardiniers et pendant, décor polychrome.

115bis Grands groupes, l'audience de quatre personnages, garni de dentelles.

116 — Deux tasses et soucoupes à côtes, décor fleurs et ornements or.

116*bis* Six tasses et soucoupes à anses, décors en bleus.

116*ter* Un groupe en biscuit, berger et bergère, en décor polychrome.

117 — Quatre statuettes, comédie de Molière.

118 — Une petite assiette, dans le centre paysage, bordure bleue entourée de feuilles de laurier or.

119 — Statuette, Amour guerrier.

120 — Six statuettes, cris de Paris.

121 — Six tasses et soucoupes forme bateau avec sujets genre Watteau, sur fond de couleurs portant la marque du Saxe royal.

122 — Deux tasses et soucoupes de même forme avec mêmes sujets et décor.

123 — Deux coupes baguiers, dans le centre sujets champêtres, bordures marli à fleurs.

124 — Un groupe de deux personnages, sujets mythologiques.

125 — Deux salières à anneaux, décors oiseaux.

126 — Deux candélabres à quatre lumières, amours et guirlandes de fleurs en relief.

127 — Cinq bonbonnières de forme Louis XV et Louis XVI, rocaille et décor genre Watteau et fleurs.

128 — Deux statuettes, jardinière et pendant.

129 — Un groupe, l'Enfant gâté d'après Greuze.

130 — Deux vases avec couvercles, Amours à genoux, guirlandes fleurs relief et bouquets.

131 — Trois cache-pots, guirlandes fleurs relief.

132 — Un cache-pot, bouquets fleurs détachées.

133 — Deux coupes monture bronze style Louis XVI, décors au centre sujets d'après Watteau, la bordure fond rose et dessin or.

134 — Grande statuette représentant Eve tenant la pomme.

135 — Deux petites potiches avec couvercles mignonnettes, fleurs en relief.

136 — Six petites tasses et soucoupes, décors amours en grisailles et fleurs.

137 — Deux petites statuettes formant flacons.

138 — Cinq assiettes de Guerhard et Dihl à Paris, décor bouquets de fleurs et le marli, ornements en vert et or avec filets.

138bis Un plateau bords rocaille sur piédouche, décors bouquets fleurs polychromes.

139 — Une petite soupière avec plateau en porcelaine de Nidervillers, décorée de jolie petite marine et paysage, le plateau décoré d'insectes.

140 — Jolie jardinière forme commode, de même porcelaine et décors.

141 — Quatre assiettes porcelaine de Frankenthal à bords gaufrés et décors à fleurs.

142 — Deux pièces, cafetière et sucrier en porcelaine de Fismes, décors polychromes.

143 — Six tasses et soucoupes, même porcelaine, décor bleu.

144 — Deux jolies corbeilles à jour décorées de fleurs et fruits en relief.

145 — Sous ce numéro, divers objets non catalogués, cent pièces : plats, assiettes, potiches groupes, faïences et porcelaines.

PORCELAINES DE CHINE

146 — Un plat à barbe décoré en émaux, de la famille verte.

147 — Deux grands vases de forme surbaissée, bordure dentelée, magots debout formant les anses, riche décor polychrome dans le centre, scène

chinoise, bordures fleurs et oiseaux garnis de salamandres en relief.

148 — Deux autres vases, même forme mais plus surbaissés, décor et fond bleu, au centre mêmes sujets garnis de salamandres pour anses.

149 — Deux compotiers montés sur pieds décorés de larges fleurs polychromes.

150 — Six assiettes à dessert, riche décor sur fond or et vert, à compartiments de scène d'intérieur et ornements fleurs et oiseaux.

151 — Deux belles lampes même décor, monture bronze noir du système de J.-S. Schlosmacher.

152 — Deux cache-pots décorés de fleurs en émaux polychrome.

153 — Deux coupes monture en bronze noir, décor, riche fond or et vert à compartiments, scènes chinoises.

154 — Deux vases, forme boule, décors roses, arbustes et fleurs.

155 — Deux grands vases de formes carrées craquelés sur bleu et blanc, bordures et ornements en relief sur fond noir.

156 — Deux autres vases de forme ronde, même décor et porcelaine.

157 — Deux plats, décors riches à compartiments or et sujets chinois, fleurs et oiseaux.

158 — Assiette, même décor et porcelaine.

159 — Grand bol, monture bois de fer, même décor et porcelaine.

160 — Sous ce numéro, environ dix paires petits vases de Chine avec socle, bois de fer, décor riche sur fond or à compartiments, sujets Chinois, fleurs et oiseaux.

161 — Un plat, décor polychrome avec poissons au marli, ornements bleus garnis de larges fleurs.

162 — Deux assiettes, même décor et porcelaine. — Une assiette porcelaine de l'Inde, décorée de fleurs.

163 — Deux raviers, bordures à côtes, décors riches.

164 — Une assiette décorée de fleurs en émaux de la famille rose.

165 — Trois tasses et soucoupes, même décor.

166 — Quatre assiettes, décor en rouge, scène d'intérieur.

167 — Deux vases en grès émaillé à côtes, garnis de crabes.

168 — Deux oiseaux sur un rocher, en terre émaillée, décor polychrome.

169 — Coupe creuse oblongue, décor, arbuste au centre, lambrequins ornés au marli.

170 — Cinq tasses à anses, décorées de fleurs en émaux de la famille verte et à personnages.

171 — Un groupe chimère sur rocher, décor bleu Céladon.

172 — Deux vases en faïence de Kioto, décorés de larges fleurs en polychrome et or.

173 — Deux jardinières en grès émaillées, à côtes garnies de crabes comme anses.

174 — Dix statuettes en grès bronzé, divinités Chinoises sur des nuages.

175 — Un tête-à-tête en faïence de Kioto, décoré de larges fleurs émaillées et oiseaux.

176 — Sous ce numéro, divers objets non catalogués, tels que : encriers, baguiers et objets en porcelaine de Chine et grès émaillés.

177 — Trois bonbonnières en faïence de Kioto, décorées de fleurs et or.

178 — Deux assiettes décorées de fleurs en émaux polychrome.

179 — Un plat rond creu, décor, fleurs en émaux de la famille verte.

180 — Deux grands plats ronds cloisonnés d'émaux, oiseaux et fleurs sur fond bleu.

181 — Grande coupe, monture bronze sur pieds, cloisonnés d'émaux, oiseaux et fleurs, sur fond bleu.

182 — Vases en faïence de Kioto, décorés de fleurs et papillons.

183 — Statuette en grès émaillé représentant un dompteur, décor polychrome.

PORCELAINES JAPON

184 — Deux plats oblongs avec armoiries au centre et au pourtour, et au marli, des ornements à festons sur fond gros bleu.

185 — Deux potiches ovoïdes avec couvercles, à décors variés en bleu et polychrome.

186 — Une potiche ovoïde sans couvercle, même décor.

187 — Une plus petite sans couvercle, même décor.

188 — Grand plat de forme carrée, bouts arrondis, décoré de larges fleurs à compartiments, fond bleu et blanc.

189 — Quatre petites tasses et soucoupes, décor en bleu, à compartiment de fleurs et sujets Chinois.

190 — Six assiettes, rouge et or impérial, décors variés, au marli compartiments de paysages et fleurs.

191 — Deux assiettes, décor polychrome, au marli ornements sur fond or.

192 — Trois assiettes, décor polychrome bleu, rouge et or.

193 — Deux vases de forme droite, riche décor, poly-

chrome à compartiments de scènes chinoises, fleurs et oiseaux.

194 — Quatre grandes plaques en longueur, décor en bleu, représentant marines et paysages.

195 — Deux sucriers forme boule à couvercles, décor brun, à compartiments de fleurs rouge et vert.

196 — Deux potiches à couvercles, décor polychrome, à compartiments de fleurs et oiseaux.

197 — Quatre assiettes, décor polychrome, à compartiments fond bleu et blanc, paysage et fleurs.

198 — Deux petites caisses à fleurs à rayure bleue et blanc.

199 — Cornet à pans coupés, décor polychrome.

200 — Deux cache-pots, au centre armoirie dit de la Compagnie des Indes.

201 — Deux paires de vases, décors bleus.

202 — Deux bols porcelaine imarie, décor polychrome à compartiments fond vert et rouge, au centre scène chinoise en bleu.

203 — Deux plateaux ronds, décor polychrome, à compartiments de fleurs et ornements.

204 — Un petit plateau rond à côtes, décor polychrome, et environ trente pièces paniers et poissons pour baguiers, encriers, bonbonnières, etc.

205 — Neuf petits vases mignonnettes, en décor bleu.

206 — Une potiche sans couvercles, monture cuivre, décor rouge et or.

207 — Grosse potiche ovoïde, décor en bleu de larges feuilles, fleurs et oiseaux au marli, compartiments de fleurs.

208 — Deux tasses et soucoupes, décor fond rouge et ornements en or, à compartiments, chinoiseries en bleu.

209 — Douze tasses, bols et soucoupes en décor polychrome et bleu.

210 — Vingt petits vases forme boule, décor bleu.

211 — Une coupe creuse à pans coupés, à jours, décor polychrome.

212 — Deux petits bouquets fond rose.

213 — Deux vases et un brûle-parfum, décor gros bleu.

214 — Deux porte-flambeaux, même décor.

214bis Boîte ronde en laque rouge de Pékin, à ornements en relief.

215 — Boîte à thé, laque du Japon, contenant trois flacons, décor polychrome.

216 — Bonbonnière, monture bronze noir cloisonnée sur faïence d'émaux polychromes.

217 — Une coupe cloisonnée sur métal, monture bois de fer décorée de larges feuilles.

218 — Petite cafetière à manche, cloisonnée sur faïence d'émaux, fond vert et polychrome.

219 — Un coffret laque Japon, sablé or riche.

220 — Un coffret à thé, en laque de Chine, décoré de bordures de fleurs, et au centre scènes chinoises.

221 — Plusieurs beaux éventails et écrans en laque de Chine, à personnages brodés en soie et à têtes en ivoire.

222 — Sous ce numéro, divers objets non catalogués : boîtes, coffrets, cabinets, éventails, ivoire, bonbonnières et divers articles en laque de Chine et du Japon.

223 — Un beau coffret à ouvrages, en bois de sandale, richement sculpté.

224 — Trois coffrets à gants et à ouvrages, en bois de sandale, richement sculptés.

SCULPTURE

225 — Groupe en pierre, représentant la Vierge assise tenant dans ses bras Jésus-Christ, travail français du XIIe siècle.

226 — Statuette en pierre, représentant saint Pierre, de la même époque.

227 — Buis, Christ sculpté avec cadre bois sculpté.

228 — Deux pièces, sainte Vierge et saint Nicolas, en buis et bois sculptés.

229 — Trois petites statuettes en ivoire sculpté.

230 — Un tryptique en ivoire, scène de la Passion dans des compartiments, style du XIIIe siècle.

231 — Un étui en ivoire sculpté.

232 — Deux plaques carrées, portraits en ivoire sculpté en ronde bosse, représentant Henri IV et Marie de Médicis, avec un écrin fleurdelisé.

233 — Une plaque oblongue, portrait de Louis XIV en ivoire sculpté en ronde bosse.

234 — Une plaque, sujets chasse, en ivoire sculpté.

235 — Un Christ en ivoire sculpté, avec cadre en bois sculpté et doré, style Louis XIV.

236 — Un médaillon représentant la tête du Christ, en ivoire sculpté en ronde bosse.

237 — Douze pièces en ivoire, telles que christ, vierges, petites boîtes, bracelets et statuettes, tabatières et Dytiques chinois.

238 — Une gourde et coupe en coco sculpté, d'ornements sur la chasse et garnitures en argent.

239 — Grand buste en terre cuite, portrait de Voltaire.

240 — Grand médaillon en pierre représentant le portrait de Louis XV, sculpté en ronde bosse.

241 — Deux vases porte-flambeaux en pierre de Lard sculptés.

242 — Deux tableaux en albâtre, sujets religieux.

242bis Cinq tableaux en cire avec cadres en bois sculpté, saintes et rois de France.

BRONZES

243 — Deux paires appliques, style Louis XV, à feuillages, peintes en vert et garnies de fleurs porcelaines.

244 — Deux bras à deux lumières, en cuivre, style Louis XV.

245 — Un grand lustre, style Louis XIII, huit lumières, décoré de cristaux.

246 — Lustre Hollandais, en cuivre, à douze lumières, garni d'ornements en cuivre.

247 — Un grand plat Louis XIII, en cuivre, garni de Godron en relief.

248 — Grand plat cuivre rehaussé, représentant des combats et au centre un duel.

249 — Cinq paires appliques à glace, à ornements en reliefs, à deux et trois lumières.

250 — Deux glaces sur pieds, cadres cuivres à ornements reliefs.

251 — Deux grands chevaux de marly bronze noir.

252 — Belle et grande garniture en bronze composée de deux grands candélabres, amours sur pieds soutenant sept lumières, à rinceaux reliés par des festons de fleurs.

253 — Grands groupes de deux sujets, le Secret par Ferville-Suan.

254 — Un flambeau du temps de la Régence, en cuivre, à pans, finement ciselé de coquilles et ornements.

255 — Deux seaux à charbons, en cuivre rehaussé, à ornements variés.

256 — Trois bassinoires, cuivre rehaussé, à ornements variés.

257 — Un joli coffret en bronze, vieil argent, à ornements et rinceaux.

258 — Deux grandes lampes en bronze et cuivre polis sujets enfants d'après Clodion.

259 — Deux chenets Louis XV, modèle rocaille en bronze poli.

260 — Deux flambeaux Louis XV, torse.

261 — Deux girondoles Louis XV, à trois lumières, en bronze argenté.

262 — Un encrier à anse, à deux godets, style Renaissance, à ornements variés, en cuivre poli.

263 — Un encrier en cuivre poli, Diable tenant plateau.

264 — Vingt paires flambeaux des époques Louis XV et Louis XVI.

265 — Dix bougeoires divers en cuivre poli, du style Louis XIII.

266 — Deux paires coupes sur pied, vieil argent.

267 — Deux statuettes porte-bougies, Faune et Bacchante, en bronze.

268 — Trente pièces : encriers, coupes, portes-allumettes, porte-montres, bougeoirs, statuettes en bronze et vieil argent.

269 — Deux paires candélabres à deux et trois lumières, en bronze argenté, Louis XVI.

270 — Un buste en bronze, représentant Diane de Poitiers.

271 — Deux buires, bronze et cuivre polis, d'après Clodion.

272 — Deux grands brûle-parfums en bronze, à ornements à pans.

273 — Une buire avec son plateau en cuivre poli, ornements et sujets mythologiques.

274 — Deux chenets, style Louis XVI, à tête de sphinx, bronze argenté.

275 — Deux chenets, style Louis XIII, cuivre poli et fers forgés.

276 — Un dessus de pendule, Enfant, bronze doré sur socle en porcelaine.

277 — Une vache, bronze doré sur socle en marbre.

278 — Deux coupes à jour sur pied en cuivre poli, sujets variés et mythologiques.

279 — Deux autres coupes sur pied et socle en marbre blanc, en bronze doré, ornements à sujets, amours, musiciens.

280 — Deux appliques avec support à quatre lumières, fleurs et feuillages en bronze doré.

281 — Deux chenets lions debout, sur socles en bronze vieux poli.

282 — Une pendule à colonne finement ciselée en bronze doré au mat, Amour se balançant, époque de l'Empire.

283 — Un groupe en bronze, par Ferville-Suan, représentant un lion, au côté un enfant coiffé d'un casque et guerrier.

284 — Deux plats cuivre rehaussé, représentant Henri IV et pendant.

28 — Petit groupe en bronze, style Louis XIV, représentant un Amour à cheval sur un taureau, socle en marbre rouge brun.

286 — Deux chenets, style Louis XIV, à coquilles tête de lion, ornés de fleurs et ornements.

287 — Deux petits flambeaux en bronze doré, formés de trois Dauphins enroulés sur socles.

288 — Deux candélabres. en bronze et cuivre, style de l'Empire.

289 — Petite pendule, style Louis XVI, en bronze doré au mat et marbre blanc, Amours dans des nuages, finement ciselée.

290 — Deux petits brûle-parfums formant flambeaux, en bronze doré au mat, ornés de guirlandes de fleurs.

291 — Un groupe lutteurs, en bronze, d'après celui du musée de Florence.

292 — Un porte-bougeoir Lansquenet du style du XVe siècle.

293 — Une pendule à colonnes, ornée de bronze doré au mat, formant draperies sur marbre blanc.

294 — Deux flambeaux à perles et ornements en cuivre poli, style Louis XVI.

295 — Deux chenets à boules, gravés d'ornements et à figures en cuivre poli, style Louis XIII.

296 — Deux lustres en cuivre rouge à six lumières, style Louis XIII.

297 — Une cage oiseaux, en cuivre rehaussé, à ornements à jour formant galeries, style Louis XIII.

298 — Deux petits chenets, à griffe et à flammes, cuivre uni, style Louis XIII.

299 — Deux statuettes en bronze, académie (hommes debout).

300 — Une statue en bronze, portrait de Henri IV enfant, par Bosio.

301 — Deux petits lustres.

302 — Une statuette en bronze doré, représentant un

ange à genoux sur un socle en bronze doré, ornementé.

303 — Un cartel-applique, cuivre poli, ornementé de draperies et figures, couronné d'un vase à figure et guirlande, du style Louis XVI.

304 — Une lampe à trois becs, en cuivre poli, du style Louis XIII.

305. — Trois suspensions veilleuses, à têtes d'anges en cuivre et argentées.

306 — Deux petits lustres en cuivre, à six et à huit becs.

307 — Petite pendule en bronze doré, représentant un Enfant sortant d'un œuf, et inscription : *(un rayon d'espoir fait noitre)*, style Louis XVI.

308 — Deux chenets avec les fers, en cuivre poli, à têtes d'anges et flammes, du style Louis XIII.

309 — Une pendule Louis XVI, sur colonnes, en marbre blanc à cannelures, inscrustée de bronze et perles dorés, et vases marbre à fleurs.

310 — Deux coupes en bronze doré, sur pieds, cloisonnés d'émaux polychromes.

311 — Deux porte-flambeaux à deux lumières, portés par des hommes, sur trépieds en bronze, du style Florentin.

312 — Un lustre Hollandais, en cuivre rouge, à six lumières et ornements de fleurs, avec crémaillère, style Louis XIII.

313 — Un petit lustre à six lumières, en cuivre jaune.

314 — Six lustres Louis XIII, en cuivre rouge, à ornements et fleurs, godets à becs, crémaillère.

315 — Deux chenets en fer et boule cuivre, à crémaillère, avec barre de fer et cuivre, du style Louis XIII.

316 — Deux autres chenets tout en fer avec anneaux, analogues à celui qui précède.

317 — Deux chenets vases carrés, à boules ornées de têtes d'anges et fers, du style Louis XIV.

318 — Trois paires chenets, fer forgé et boule cuivre, style Louis XIII.

319 — Deux paires portes-flambeaux, appliques en fer forgé.

320 — Cinq paires pelles et pincettes et porte-bûches en fer, ornements en cuivre.

321 — Trois porte-flambeaux à jeu, en cuivre uni, ornés de bronze, avec abat-jour, style Louis XVI et Empire.

322 — Deux vases sur socle en bronze doré au mat, de l'Empire.

323 — Petite pendule et candélabre à trois lumières, en bronze, vieil argent, ornés de chimères, ornements à jour et fleurdelisée, du style Louis XII.

324 — Petite pendule en cuivre poli, ornement et cadran à jour,

325 — Deux grands porte-lumières en cuivre ouvragé, du style Louis XIII.

326 — Deux chenets à crémaillère avec barre, ornements fleurdelisés.

327 — Trois marteaux de porte, à figures et ornements, en fer forgé.

328 — Pendule sur colonnes en marbre blanc, avec ornements en bronze doré, marquant l'heure et les quantièmes.

329 — Deux brûle-parfums sur trépieds, à tête de béliers, ornements variés en cuivre rouge, style Louis XVI.

330 — Deux petits bras en cuivre, Louis XIV.

331 — Une paire de bras bronze doré à trois lumières, à ornements draperies.

332 — Un candélabre, personnages portant les lumières, en bronze, style gothique.

333 — Deux vases en bronze du Japon, ornés d'oiseaux et de fleurs.

334 — Vase avec plateau à trépieds, en bronze du Japon.

335 — Une statuette représentant une divinité, bronze du Japon.

336 — Un petit lustre à cinq lumières avec son support en cuivre ornementé, du style Renaissance.

337 — Un miroir octogone, à fronton, enfants tenant des flambeaux, ornements et encadrements en cuivre poli, bande gros bleu à dessins.

338 — Un gobelet, scène de Bacchantes en ronde bosse, d'après Clodion.

339 — Petite pendule, style Louis XVI, en bronze doré, formant bibliothèque, à côté un amour tenant un livre à la main, socle avec attributs d'astronomie et des arts.

340 — Une plaque ronde, en bronze, représentant Apollon devant les dieux.

341 — Deux mortiers, en bronze, à cariatides, fleurdelisés.

342 — Une plaque en bronze représentant des amours en vendanges.

343 — Un médaillon bronze, portrait du duc d'Orléans, par Ubaudi.

344 — Un médaillon, en bronze, représentant le Jugement de Pâris.

345 — Une boîte à musique avec timbres et tambours, jouant douze airs variés.

346 — Une lampe, suspension en fer, forme ronde, au-dessus un oiseau.

347 — Un coffret tout en fer, ouvragé d'ornements, du XVe siècle.

348 — Un réchaud porte-plats, en bronze argenté, à esprit de vin, sur trépieds, style Louis XIV.

349 — Grand hanap, forme casque, en bronze, portant des traces d'argenture.

350 — Hanap, forme casque, en argent rehaussé, décoré de figures, guirlandes de fruits et rubans.

351 — Un bénitier en argent rehaussé de fleurs de lys, et couronne fleurdelisée.

352 — Un moutardier en argent, à anse et couvercle à guirlandes de fruits, et au centre le portrait de Louis XVI.

353 — Deux salières en argent avec couvercles, guirlande de fleurs, écusson.

354 — Grand plateau oblong en argent rehaussé, décoré de fruits, ornements et figures ; au centre un combat, style Louis XIV.

355 — Une timbale en argent doré, ornements et portraits gravés en médaillon.

356 — Un plateau oblong, en argent, rehaussé, à bord dentelé, au marli, guirlande de fruits, retenu par des rubans.

357 — Un petit Christ, en argent, du style gothique.

358 — Quatre salières en argent, rehaussé, à pieds de biche, guirlande de fruits, au centre écusson soutenu par deux amours.

359 — Douze cuillères en argent doré, à cariadite et ornements.

360 — Un cendrier en argent, rehaussé, à figure et ornements, fruits et fleurs.

361 — Une petite statuette en bronze argenté, cachet, représentant la Vénus de Milo.

362 — Deux bouts de table en argent, rehaussé de cannelures sur pied.

363 — Un porte-montre en cuivre, forme cartel, sur pieds, à ornements et à écusson, style Louis XV.

364 — Autre petite montre en cuivre, sur colonne cannelée, sur socle, dans le haut vase avec guirlande, style Louis XVI.

BIJOUX & OBJETS DE VITRINE

365 — Une chatelaine et porte-montre en cuivre, avec pendant, clefs, cachets, à emblèmes et fleurs, en relief, style Louis XVI.

366 — Petite montre en or, garnie de petites perles fines, fond émaillé, gros bleu.

367 — Deux agrafes de manteau, argent filigrane, ornées de grenats et turquoises.

368 — Deux boucles ovales en argent, ornées de stras.

369 — Deux boucles en cuivre doré, entourées de clous simulés.

370 — Garnitures de sept boutons, en argent, à clous simulés, taillés à facettes.

371 — Un diptique en cuivre doré, sujets religieux.

372 — Deux épingles à cheveux en argent filigrane, garnies de perles fines.

373 — Une épingle à cravate, en or, garnie d'une opale et huit petits diamants.

374 — Autre épingle analogue, en or, ornée d'un camée coquille.

375 — Une agrafe à manteau, en argent, ornée de stras.

376 — Une montre en cuivre, sans mouvement, avec un émail, sujet gracieux.

377 — Chaîne de montre en argent, ornée de coulants, cachets et clefs.

378 — Chatelaine en cuivre, ornée de fleurs et rosaces, en relief, Louis XVI

379 — Chatelaine analogue, travail à jour, fleurs et ornements.

380 — Un grand Saint-Esprit, orné de stras.

381 — Deux paires boutons pour manchettes, ornées de stras.

382 — Un binocle argent et or, incrusté d'ornements argent et or.

383 — Une croix en or, contenant seize diamants dit table, style Louis XIII.

384 — Garniture de quatre boutons manchettes, en argent doré, ornés de perles grenats et turquoises.

385 — Croix en argent et or, ornée de stras et argent, à clous simulés, taillés à facettes et travaillés à jour.

386 — Nœud de cou, analogue au précédent.

387 — Quatre croix Normandes en or, ornées de stras.

388 — Grand bijoux Normand en or, en trois pièces, orné de stras, travaillé à jour.

389 — Grande boucle argentée et dorée, ornée de stras.

390 — Croix en argent ornée de stras.

391 — Deux crochets en argent, à éventail, à figures et ornements.

392 — Deux boutons d'oreilles en or, ornés de deux diamants et de quatorze roses.

393 — Boucle ovale, argentée et dorée, ornée de stras.

394 — Deux boucles carrées, à pans, argentées et dorées, ornées de deux rangs de stras.

395 — Une chaîne à anneaux, avec cachets et clefs,

ornée de pierres de couleurs, en cuivre doré au mat.

396 — Agrafe à manteau, en argent, à jour.

397 — Grosse topaze pour cachet ou broche.

398 — Bijoux Normand en trois pièces, en or travaillé, d'ornements à jour et ornés de diamants roses.

399 — Quatre pendants d'oreilles, en argent, ornés de roses et argent, à clous simulés, taillés à facettes.

400 — Petite montre en cuivre doré, à emblèmes et fleurs, ornée de jargons, style Louis XVI.

401 — Une épingle à cravate, en or, ornee d'un diamant en rose.

402 — Autre épingle analogue, en or, ovale, mosaïques représentant cascades et rochers.

403 — Bijoux Normand en trois pièces, en argent doré, travaillé à jour, et fleurs en relief, orné de diamants en rose.

404 — Petite montre en or, cadran argent, émaillée d'émaux en couleurs.

405 — Boucle en argent, ornée de deux rangs de stras.

406 — Médaillons Saint-Esprit, en argent, ornés de rubans en stras.

407 — Deux boutons d'oreilles, en argent filigrane.

408 — Croix en argent, ornée de stras.

409 — Une épingle à cravate, en fer, boule en malachite

410 — Une autre semblable, monture en argent, à facettes.

411 — Petite boucle ovale, argentée et dorée, ornée de stras.

412 — Six agrafes à manteau, en argent, ornements à jour et à clous simulés, taillés à facettes.

413 — Deux broches en argent filigrane, ornées de pierres de couleurs.

414 — Quatre boucles ovales dont deux petites, en argent, à clous simulés, taillés à facettes.

415 — Deux autres, analogues, en cuivre, ornées de stras.

416 — Deux paires boucles Normandes, à anneaux, ornées de stras.

417 — Petite bague en or, ornée de quinze diamants en rose.

418 — Boutons d'oreilles, monture en or, ornés de stras.

419 — Six boucles longues et carrées, argent et argentées, ornées de stras.

420 — Chatelaine en cuivre doré, à ornements en relief, du style Louis XVI.

421 — Dix paires pendants d'oreilles, en argent doré, ornées de stras.

422 — Un collier en ambre mat, gros grains oblongs.

423 — Broche et médaillons en argent doré, ornés de perles et pierres de couleurs.

424 — Croix en argent doré, ornée de vingt diamants en roses.

25 — Deux bagues marquises en or et argent, garnies de marcassite, taillées à facettes.

426 — Cinq croix en argent, ornées de stras.

427 — Deux cadres carrés en argent filigrane.

428 — Deux pendants d'oreilles en argent, ornés de stras, formant Saint-Esprit.

429 — Deux boutons en vieil argent, représentant des singes.

430 — Environ dix clefs de montres anciennes.

431 — Un lot de boutons, ornés de stras, et autres en cuivre et nacre, et trois bagues marquises.

432 — Un petit médaillon avec nœud en argent et orné de stras, style Louis XVI.

433 — Une montre en argent, à quatre cadrans, marquant l'heure, les jours et les quantièmes.

434 — Une croix d'honneur en argent émaillé.

435 — Montre en cuivre avec un émail, à médaillon, sujet et inscription : Souvenir d'amitié.

436 — Bague en argent doré, ornée de grenats, style Louis XIII.

437 — Cinq montres argent, répétition.

438 — Deux petites montres cylindre en or.

439 — Cinq bagues argent, métal et en ivoire, ornées d'armoiries et emblèmes.

440 — Un éventail, peinture, sujets gracieux avec emblèmes, monture nacre, sculptures à jour avec sujets, vases, ornements plaqués or, style Louis XVI.

441 — Six petits cadres en long, en cuivre doré, dont deux plus petits à ornements et écussons, style Louis XV.

442 — Deux semainiers en bronze.

443 — Médaillon rond en cuivre, représentant tête du Christ.

444 — Petite plaque marbre en triangle, sujet tiré d'un motif de la Cathédrale de Reims.

445 — Sceau et huit cachets, en cuivre et bois, des ducs de Bouillon et évèque.

446 — Cinq cachets, dont deux argent, à lettres, initiales et armoiries.

447 — Sous ce numéro, divers objets non catalogués, tels que : bracelets, chatelaines en fer, boucles cuivre doré et acier, étuis, boutons de meubles émaillés, Louis XVI, etc.

448 — Pipe en écume, sculptée, bout ambre mat, garniture argent.

449 — Trois pendules marbre et bronze, style Louis XVI.

TERRE CUITE, BUSTES

450 — Deux bustes en terre cuite, par Lavergne, représentant la Rieuse et la Boudeuse.

451 — Buste, Faune rieur; par M. Pètre, de Metz.

452 — Groupe de deux sujets, Mendiants, par Françonnet.

453 — Deux statuettes en terre cuite, analogue au numéro précédent.

454 — Deux statuettes, musicien et danseur, analogue au numéro précédent.

455 — Groupe terre cuite, par Jancemy, jeune femme faisant lire un enfant.

456 — Groupe en terre cuite, par Françonnet, représentant le dernier quart-d'heure de Rabelais.

457 — Deux bustes en biscuit, par Paul Duboy, représentant le portrait de la Belle Gabrielle, et pendant.

458 — Buste de Louis XV enfant.

459 — Quatre médaillons terre cuite, portrait de Louis XVI et divers.

460 — Deux grandes cruches en grès, ornées de médaillons à sujets et ornements, styles des XVe et XVIe siècles.

461 — Trois grès analogues, plus petits, forme flûte et à quatre bras.

462 — Quatre grès plus petits.

463 — Deux grandes cruches, à ornements, XVIIIe siècle.

464 — Quatre cruches en grès, de formes surbaissées, avec armoiries et ornements.

465 — Deux grès de Flandre, à écussons et armoiries, du XVe siècle.

466 — Deux chimères de Chine, en grès, émaillées de couleurs.

467 — Deux potiches à goulots étroits, forme boule superposée, Japon polychrome.

468 — Boîte à gants, en porcelaine, et monture bronze doré, décor riche, représentant le départ pour la chasse, en costumes Louis XV, et paysage.

469 — Deux boîtes à couvercle carré, porcelaine Japon, décorées en bleu.

470 — Deux potiches, fond gros bleu de Sèvres, à médaillons de fleurs, entourées d'ornements en or.

200 ARMES

471 — Vingt fusils et carabines à pierres, pistons, etc.

472 — Un grand fusil de rempart.

472bis Huit pistolets à pistons, revolvers et Flobert.

473 — Deux pistolets à pierre, style Louis XIV.

474 — Dix poignards, manche ivoire, argent, cuivre, avec ornements (Français, Arabe et Turc).

475 — Petite armure complète, en fer, gravée d'ornements, modèle d'une grande armure.

476 — Douze étriers en fer, travaillés à jour, et ornements.

477 — Un carquois Indien, en cuir ouvragé, contenant dix flèches.

478 — Environ trente flèches Indiennes.

479 — Six sabres, manches cuivre, et ornés du coq Gaulois.

480 — Environ trente-cinq hallebardes, lances, ornées et gravées d'ornements divers.

481 — Un fusil indien, à mèche et à deux lumières, incrusté de cuivre, et ornements en ivoire.

482 — Quatre masses d'armes du Moyen-Age, garnies de six et sept ailerons.
483 — Dix épées diverses, poignées cuivre à pointes de diamants et fer.
484 — Cuirasse et casques de dragons.
485 — Casques russes.
486 — Deux pistolets à rouet.
487 — Un bouclier rond en fonte de fer, sujets guerriers au pourtour.
488 — Morceau d'une bombarde en bronze, ornée de cariatides, figures, ornements et écussons, style du XVe siècle.
489 — Casse-tête à deux branches, armé de plusieurs pointes.
490 — Grande épée, poignée en fer, ornée de fleurs de lys.
491 — Deux grandes épées à deux mains, poignées garnies de cuir.
492 — Deux pistolets à pierre, albanais, damasquinés d'or et argent.
493 — Trois sabres avec fourreaux, poignées cuivre.
494 — Hache en fonte de fer, ornée d'un casse-tête.
495 — Grand couteau de chasse turc, incrusté de sujets et ornements en ivoire.
496 — Sabre turc, poignée, figures et ornements.
497 — Casque en fer à visière, style du XVIIe siècle.
498 — Hausse-col en fer, gravé d'ornements, style du XVIIe siècle.
499 — Deux gantelets en fer, style du XVIIe siècle.
500 — Lance indienne, manche bois de fer.
501 — Épée à large lame, poignée en fer et coquille.
502 — Sabre, poignée en fer, gardes triples, à jours d'ornements.

503 — Arbalète de chasse, à crans, avec incrustations, sujets ivoire, style XVIe siècle.

504 — Épée, poignée en cuivre ornée de figures.

505 — Sabre et fragment de sabre et épée hispana arabe.

506 — Une épée tout en fer du Moyen-Age.

507 — Deux sabres, poignées fer et cuivre, ornés de lions et coqs.

MEUBLES EN BOIS SCULPTÉS DU XVIe SIÈCLE ET AUTRES

508 — Deux petits meubles XVIe siècle, à deux corps en bois de noyer sculpté, à rinceaux et ornements. Le corps inférieur est orné de deux colonnes et deux tiroirs.

509 — Petit meuble du XVIe siècle, à deux corps, en bois de noyer sculpté, à figures, guirlandes, sphinx et ornement enrichi d'incrustations bois noir.

510 — Bahut italien en bois de noyer richement sculpté, formant bureau et cabinet, décoré à cariatides de bas-reliefs sculptés, style Renaissance.

511 — Meuble tourelle, style Louis XIII, à deux corps en bois de chêne, fermant à deux portes surmontées de tiroirs.

512 — Deux grands coffres bois de chêne sculpté, décorés de palmettes et montants à moulures, style Louis XIII.

513 — Meuble à deux corps, en bois de chêne sculpté, fermant par quatre portes surmontées de tiroirs, les deux portes du haut sont garnies de fuseaux, style Louis XIII.

514 — Deux autres meubles analogues, mais sans sculpture.

515 — Meuble à deux corps, en bois de chêne sculpté, peint en noir, fermant par quatre portes surmontées de tiroirs. Le corps supérieur est supporté par quatre colonnes formant des niches. Fronton avec armoiries, style Louis XIII.

516 — Deux meubles en bois de chêne, dressoir. Le corps inférieur est orné de trois portes surmontées de tiroirs, style Louis XIII.

MEUBLES DES XVIIe ET XVIIIe SIÈCLES

517 — Bibliothèque, bureau-commode en marqueterie et filets cuivre et bois noir, garni de poignée de cuivre doré, style Louis XIII.

518 — Autre meuble vitré, formant bureau avec cinq tiroirs dans l'intérieur et deux grands de forme bombée à l'extérieur, en marqueterie de bois à fleurs et ornements, style Louis XIII.

519 — Autre meuble analogue, fermant à quatre portes, même style.

520 — Pendule Louis XIV et son socle, en marqueterie, boule en cuivre et écaille garnie de bronze.

521 — Commode Louis XVI, en bois de rose, à deux tiroirs, avec trophées et vases en marqueterie et garnie de bronze, avec dessus de marbre.

522 — Grande pendule sans socle, Louis XIV, en marqueterie de cuivre et écaille, garnie de bronze.

523 — Grand meuble-bahut, style Louis XV, en bois noir, filets et ornements en marqueterie de cuivre avec dessus de marbre.

524 — Encoignure Louis XVI, en bois de rose et marquetée de bois de bout avec dessus de marbre.

525 — Encoignure, style Louis XIII, marqueterie de fleurs et ornements.

526 — Petite pendule avec socle, style Louis XV, en marqueterie de cuivre et écaille, garnie de bronze.

527 — Deux bouts de table, même style.

528 — Bureau, style Louis XV, en marqueterie de bois de bout, au centre médaillon représentant le retour du chasseur avec ornements de cuivre.

529 — Boite horloge régulateur, Louis XV, cadran émaillé à cartouches.

530 — Une colonne en marbre bleu Turquin, dessus et soubassements marbre blanc.

531 — Trois autres colonnes en stuc rouge avec soubassements.

532 — Petite commode, style Louis XVI, en bois de rose et marqueterie, ornée de quelques cuivres, dessus de marbre.

533 — Bibliothèque, style Louis XV, en bois de rose et marqueterie, ornée de quelques cuivres.

534 — Deux consoles, style Louis XVI, en acajou, à pieds cannelés, avec tablette d'entre-jambe, dessus de marbre blanc entouré d'une galerie de cuivre.

535 — Toilette en bois rose, en marqueterie, style Louis XV, ornée de cuivre.

536 — Pendule, style Louis XIV, dite religieuse, en marqueterie de cuivre, écaille et étain, garnie bronze.

537 — Secrétaire droit, formant chiffonnier, en bois de rose et violette, marqueterie, style Louis XVI, avec dessus de marbre.

538 — Grande console, style Louis XIV, à quatre pieds, en bois de chêne sculpté, dessus de marbre rouge.

539 — Commode et secrétaire, style Louis XVI, en acajou, à moulures de cuivre, avec dessus en marbre blanc.

540 — Commode, style Louis XV, en marqueterie de bois, ornée de cuivre, dessus marqueterie.

541 — Grande pendule, style Louis XV, en cuivre poli.

542 — Console, style Louis XV, en chêne sculpté, avec dessus de marbre rouge.

543 — Deux encoignures marqueterie, en bois de violettes, ornées de cannelures de cuivre, style Louis XIII.

543bis Petit chiffonnier, en bois de rose, orné de cuivre, avec dessus de marbre.

544 — Bureau à cylindre, style Louis XVI, avec dessus de marbre.

545 — Petit bahut à porte cintrée, marqueterie en bois de rose, dessus marbre blanc.

546 — Dix tables en bois de chêne et noyer, avec entrelacs, style Louis XIII.

547 — Petite bibliothèque en bois de chêne, style Louis XV, ornée de peintures, sujets champêtres, bordures de fleurs et oiseaux, sur fond bleu.

548 — Caisse d'horloge, en bois de chêne, époque Louis XV.

549 — Deux commodes en noyer, filets cuivre, style Louis XVI, avec dessus de marbre.

550 — Table ou bureau plat, style Louis XV, en bois noir, incrusté de filets de cuivre, et garnie de bronze.

551 — Petit chiffonnier en bois de violette, avec dessus de marbre, marqueterie et cuivre.

552 — Grande console, style Empire, en acajou, avec tablette d'entre-jambes, garnie de bronze, dessus de marbre.

553 — Commode, style Louis XIII, en bois de violette, marqueterie, moulure de cuivre, ornée de bronze, dessus de marbre.

554 — Petite console en bois doré et sculpté, style Louis XV.

555 — Deux petites commodes, style Louis XV, en bois de rose et violette, à deux tiroirs, ornée de bronze, dessus de marbre.

556 — Pendule, style Louis XIII, forme dite religieuse, en marqueterie de cuivre et écaille, garnie de quelques bronzes.

556bis Grande glace biseautée, cadre riche en bois sculpté, cadre Florentin, du style Louis XIII.

557 — Deux petites commodes, style Louis XV, en bois de chêne, à moulures, ornées de quelques cuivres.

558 — Une petite commode, style Empire, avec têtes en bronze et dessus de marbre.

559 — Petite bibliothèque en bois de rose, ornée de quelques cuivres, avec dessus de marbre.

560 — Trois petites commodes à deux tiroirs, en bois de rose et marqueterie, ornées de quelques cuivres, avec dessus de marbre.

561 — Caisse d'horloge en bois de noyer et marqueterie, en bois de rose.

562 — Console, style Louis XVI, forme demi-lune, en bois de rose et violette, avec dessus de marbre.

563 — Deux horloges à musique, cadrans ornés et peints de fleurs, sujets champêtres.

564 — Deux commodes, style Louis XVI, bois de rose, avec dessus de marbre.

565 — Caisse d'horloge, en bois de noyer sculpté, style Louis XV.

566 — Petite commode, style Louis XIII, en bois de violette, ornée de bronze, avec dessus en marqueterie et bordures de cuivre.

SIÉGES ET MEUBLES

567 — Huit grandes chaises, à hauts dossiers, en bois doré et sculpté, fleurdelisées, style Louis XIII.

568 — Écran, en bois sculpté, style Louis XIV.

569 — Trois lits peints en blanc, style Louis XVI, à colonnes cannelées aux angles.

569*bis* Glace avec frontons en bois sculpté et doré, style Louis XIII.

569*ter* Deux petits lits d'enfants, en bois sculpté doré, peints en blanc.

570 — Six chaises, en bois sculpté, à croisillons, cannelées, style Louis XIII.

571 — Six chaises, en bois tourné, paillées, style Louis XIII (Lorraine).

572 — Deux bois de chaises, chêne tourné, à haut dossier.

573 — Six chaises, en chêne tourné, style Louis XIII.

574 — Deux chaises, style Louis XV.

575 — Sept petites tables rondes sur pieds tournés, en noyer, style Louis XIII.

576 — Quatre bois de fauteuil, en noyer, style Louis XV.

577 — Deux grands supports italiens, en bois sculpté et doré.

578 — Quatre bois de fauteuils, en noyer, torses, style Louis XIII.

579 — Table de nuit, porte à coulisses, en marqueterie à damier, style Louis XVI.

580 — Grande bergère ronde, à nœuds et rubans, en bois de noyer sculpté.

581 — Bois de bergères, à cannelures, style Louis XVI.

582 — Grand coffre en cuir, orné de clous, style Louis XIII.

583 — Deux bois d'écrans, style Louis XIII.

584 — Grande glace, biseautée, cadre en bois de chêne sculpté, avec fronton, style dit Valentin.

585 — Divers bois de fauteuils, chaises Louis XIII et Louis XVI, et tapisseries.

586 — Une grande torchère, en bois sculpté et doré, représentant un nègre debout sur trépieds et tenant sur sa tête un vase.

587 — Six chaises en bois sculpté, dossiers à ornements, style Louis XIII.

588 — Deux torchères en bois sculpté doré et laqué, nègres sur trépieds soutenant des plateaux.

589 — Grande stalle italienne, en bois de noyer sculpté, cariatides et ornements, style Renaissance.

590 — Deux grands siéges italiens, en bois de noyer sculpté à ornements et chimères, style Renaissance.

591 — Quatre petits fauteuils, médaillons, style Louis XVI, garnis en velours rouge.

592 — Trois grands trumeaux avec glaces à fronton, en bois sculpté, style Louis XVI.

593 — Deux baromètres, style Louis XVI, en bois sculpté et doré, décorés de festons de lauriers.

TAPISSERIES ET SOIE

594 — Tapisserie du XVIe siècle, à petits sujets et bordure de personnages, fleurs et ornements.

595 — Panneau tapisserie fine, du XVIe siècle, à petits personnages, représentant une chasse avec animaux fantastiques.

596 — Grande verdure, tapisserie sans bordures.

597 — Deux portières avec bordures, tapisserie fleurs, style Henri II.

598 — Écran, brodé à la main, à bordures de fleurs polychromes sur fond blanc, au centre un amour conduit par des colombes, monté dans cadre en bois sculpté, doré et peint en blanc, style Louis XV.

599 — Ecran en tapisserie, représentant des vases et potiches, monture bois noyer, style Louis XIII.

600 — Deux grandes bandes bordures, à personnages et ornements, du XVIe siècle.

601 — Petit panneau portière, tapisserie verdure.

602 — Un fauteuil en tapisserie, à personnages et oiseaux, aux petits points, monture bois en noyer sculpté, style Louis XV.

603 — Un tableau en tapisserie, brodé à la main, représentant les attributs de la Passion, en polychrome.

604 — Deux fauteuils tapisserie, personnages, style Louis XV.

605 — Tableau en tapisserie, représentant un saint dans un paysage, bordure filigrane.

607 — Deux grandes chapes, style Louis XIV, brochées fleurs et argent.

608 — Grande chape, style Louis XIII, brochée de fleurs et ornements fonds mauve.

609 — Environ dix mètres étoffes en soie, brochées de fleurs et ornements à fond or, style Louis XVI.

610 — Sous ce numéro seront compris divers morceaux soie brochée et chasubles, gilets, etc.

TABLEAUX ANCIENS, MODERNES ET MINIATURES

611 — Franck. — Grande composition du maître, représentant le Calvaire, cadre du temps, en bois avec des ornements et fleurs de lys dorés.

612. — Frank et Breughel. — Deux tableaux en hauteur, avec cadres bois sculpté et doré, représentant les Quatre Saisons.

613 — Maltèse (le chevalier). — Grand tableau représentant des objets d'art sur une table recouverte d'un tapis, cadre bois noir.

614 — Un tableau représentant la Décollation de saint Jean.

615. — Deux tableaux sur bois, en longueur, du XVIIe siècle, représentant le Christ entouré des saintes femmes.

616 — Guido-Reni, tableau en longueur, la Vierge et l'Enfant Jésus, cadre doré.

617 — Deux tableaux provenant d'un diptyque, en quatre compartiments, du XVIe siècle (Martyre de Sainte-Marguerite).

618 — Cana. — Vierge et Enfant Jésus, tableau en hauteur, cadre noir.

619 — Van-Aten (Jean). — Mare aux Canards.

620 — Fragonard. — Jeune fille à genoux invoquant la Madone.

621 — Wattier. — L'Innocence se réfugiant dans les bras de la Justice, cadre doré.

622 — Inconnu. — Portrait de Louis XV et Charlotte d'Orléans, cadre ovale en bois sculpté et doré.

623 — Vase de Tivoli, Paysan assis sur un cheval blanc, entouré de moutons et d'un chien.

624 — Carle Van Low. — Jésus dans le jardin des Oliviers, bénissant une sainte femme.

625 — Inconnu. — Moine en extase devant un crucifix, effet de lumière, cadre bois sculpté.

626 — École de Boucher. — Deux pastorales.

627 — Dessus de porte, vase avec cariatides et ornements.

628 — Backuysen. — Combat naval, tableau sur cuivre.

629 — Carlo Dalci. — Vierge et l'Enfant Jésus.

630 — Inconnu. — Religieuse en prière, XVe siècle, cadre bois sculpté.

631 — Van Low. — L'Amour et Psyché, cadre doré.

632 — École Italienne. — Descente d'Énée aux Enfers.

633 — Coypel. — Sujet mythologique, belle composition de ce maître.

634 — Nattier. — Sainte Geneviève, cadre en bois sculpté.

635 — Greuze. — Portrait d'homme coiffé d'une perruque (signé et daté).

636 — Gillot. — Tableau, personnages, cadre sculpté.

637 — Decamp. — Esquisse, provenant de la vente de Rigon.

638 — Cuyp, Gerritz. — Deux portraits de femmes, cadre bois sculpté.

639 — Zéeman (Remi). — Deux marines (signé).

640 — Oudry. — Animaux (signé).

641 — Guldens. — Jean-Baptiste, intérieur d'un église (signé).

642 — Wouwermans (attribué). — Deux tableaux, halte de cavaliers, provenant de la vente de M. Paupe, ancien banquier à Reims.

643 — Lemoine. — Paysages, Suzanne et les vieillards, provenant de la même collection.

644 — Obéma (attribué). — Paysage avec cadre bois sculpté.

645 — Watteau (attribué). — Scène d'intérieur, représentant des danseurs, cadre bois sculpté.

646 — Inconnu. — Intérieur, représentant la tasse de thé (signé M. B.).

647 — Ravestein. — Portrait de femme, cadre bois sculpté et doré.

648 — École de Boucher. — Dessus de porte, représentant scène pastorale.

649 — Prud'hon (attribué). — Petit tableau, représentant des Amours se balançant, cadre bois sculpté.

650 — Inconnu. — Louis XVII, enfant à cheval sur un chien, peinture sur fer.

651 — Van Ostade (attribué). — Mendiants, cadre bois sculpté.

652 — Inconnu. — Portrait de femme, cadre ovale doré.

653 — Netscher (Constantin). — Portrait de sainte Catherine, reine de France.

654 — Inconnu. — Paysage avec animaux.

655 — Lépicier (attribué). — Jeune laitière, cadre bois sculpté et doré.

656 — Diaz (attribué). — Petit tableau, représentant Vénus et l'Amour, cadre doré.

657 — Schall. — Portrait ovale de jeune fille.

658 — Corot. — De sa première manière (signé), représentant un sous bois, une jeune femme

assise sur l'herbe et travaillant, provient de la vente de M. Rigon.

659 — LAVIDIÈRE. — Moine en prière, même provenance.

660 — Petit tableau du XVIIIe siècle, scène d'intérieur.

661 — SALVATOR ROSA (attribué). — Deux petits tableaux sur cuivre, paysages marine et cavaliers.

662 — CRÉPIN. — Deux petits tableaux ronds, paysages avec rochers, cadre bois sculpté.

663 — GIBONS. — Charge de cuirassiers, cadre doré.

664 — Inconnu. — Portrait en pied de chevaliers, cadre en bois de rose et violette, marqueté.

665 — BERTIN, maître de COROT. — Vue des environs de Rouen, cadre doré.

666 — RIBOT-GERMAIN. — Nature morte, fruits divers.

667 — Inconnu. — Sainte famille, cadre bois noir avec filet or.

668 — BOHM. — Grand tableau en longueur, représentant vue des environs de Suisse, cadre doré.

669 — RIGON. — Vue prise dans les bois de Germaine, cadre doré, en hauteur.

670 — RIGON. — Vue d'Orient, en longueur, cadre doré.

671 — RIGON. — Marché en Orient, cadre doré.

672 — RIGON. — Deux petits paysages en long, cadre doré.

673 — RIGON. — Chasseurs à pied au repos.

674 — RIGON. — Paysage hiver, cadre noir et or.

675 — RIGON. — Deux petits paysages, cadre doré.

676 — RIGON. — Poules et canards.

677 — RIGON. — Deux vues d'Orient.

678 — RIGON. — Paysage.

679 — RIGON. — Tableau en long, vue d'Orient.

680 — RIGON. — Vue d'une rue en Italie.
681 — RIGON. — Étude sous bois.
682 — RIGON. — Scène Vénitienne.
683 — INGRES (d'après). — La source.
682 — BOUDIN. — Deux tableaux, paysages et animaux, cadre riche doré.
683 — TORELLE. — Portrait d'enfant.
684 — PASTELAU. — Mare aux canards.
685 — VAN-CHELL. — Deux tableaux, effets d'hiver, patineurs.
686 — CAPELLE. — Poules et chiens dans une basse-cour.
687 — CAUCHOIS. — Corbeille de fleurs.
688 — CAUCHOIS. — Vases avec fleurs.
689 — CAUCHOIS. — Vases avec fleurs.
690 — CAUCHOIS. — Vases avec fleurs.
691 — BLIN. — Coucher du soleil, effet de nuit.
692 — Deux petites natures mortes, cerises dans une jatte.
693 — Inconnu. — La mort de Socrate.
694 — Copie de RAMBRAND. — La leçon d'anatomie.
695 — Inconnu. — Paysage et cavaliers dans une barque.
695 bis VAN DE VELDE. — Marine.
695 ter JAKSON. — Femme couchée se mirant dans une glace.
696 — Inconnu. — Deux marines, sur cuivre, cadre bois sculpté et doré.
697 — CÉRAMANO (élève de Charles JACQUES). — Paysage et moutons, deux pendants.
698 — RUYSDAEL (attribué). — Paysages et chute d'eau.
699 — Inconnu. — Flagellation de Jésus-Christ, cadre sculpté.
700 — MICHAU. — Paysages marine, cavaliers et animaux (signé).
701 — PRUD'HON (attribué). — Portrait de femme.

702 — Daunay. — Scène sur Olivier Cromwell.
703 — Herbet. — Joueurs de dame, intitulé le Vainqueur.
704 — Rosalbin. — Paysages sous bois.
705 — Lévy. — Sous bois, femme demie-nue, vue de dos.
706 — Inconnu. — Portrait jeune fille au pastel.
707 — Lafond. — Nature morte, fleurs.
708 — Inconnu. — Petite marine.
709 — Th. Faure. — Deux grandes aquarelles, cuirassiers, cadres dorés.
710 — Inconnu. — Christ mort, peinture sur pierre, cadre bois sculpté et doré.
711 — Chardin. — Tête de chien loulou fixant une mouche, cadre noir.
712 — L. Molet. — Nature morte; oiseaux et bouvreuils accrochés à un panneau.
713 — Inconnu. — Christ en croix et les saintes femmes.
714 — Inconnu. — Beaux paysages avec cadre doré.
715 — Lebrun (attribué). — Nature morte.
716 — Clodia. — Paysage bleu (signé).
717 — Saint-Aubin-Legrand. — Sujets mythologiques.
718 — Ruet. — Parisienne à la campagne.
719 — Castex-Degrange. — Grand tableau de vases et fleurs.
720 — Lavidière. — Grande composition de deux personnages, cadre doré.
721 — Inconnu. — Vierge, cadre bois sculpté.
722 — Inconnu. — Annonciation de la Vierge, dans un ovale entouré de fleurs, cadre bois sculpté
723 — Inconnu. — Paysage, jeune femme et enfant au bord d'une fontaine.
724 — Zurchy. — Grand tableau, effet de nuit à Venise.
725 — Inconnu. — Deux tableaux de fleurs.

726 — Inconnu. — Paysages avec des ruines, en Italie.
727 — Chappe de Reims, fleurs et ornements, FORBIN, ruines d'un cloître.
728 — Sous ce numéro, nombre de tableaux et miniatures.
728bis Vingt cadres anciens en bois sculpté.

MINÉRALOGIE

729 — Collection de mille pièces sur la Minéralogie.
730 — Quantité de vases Romain, Gallo-Romain et quelques pièces de verre, bronze, statuettes, bracelets, colliers et divers.
731 — Environ mille pierres celtiques, couteaux, haches et divers.
732 — Email de Limoges, signée CHABRAN, émailleur, représentant Saint-Crépin, cadre en bois sculpté et doré.
733 — Email, portrait de Henri III, roi de France.
734 — Email, enlèvement d'Amphitrite, cadre noir.
735 — Email, Actéon et Diane.
736 — Email, sujet mythologique.
737 — Miniature, portrait de jeune fille.
737bis Un émail Louis XIV, cadre sculpté.
738 — Deux petits portraits dans des cadres en bois sculpté.
739 — OLBEIN. — Médaillon-Portrait.
740 — ALBANE. — Paysages et sujets sur la Mythologie, cadre bois sculpté.
741 — Email de Limoges, Saint-Mathieu.

www.ingramcontent.com/pod-product-compliance
Ingram Content Group UK Ltd.
Pitfield, Milton Keynes, MK11 3LW, UK
UKHW020444180726
13839UKWH00004B/1615